AF284515

Ulrich Franz Nettig

Feindesliebe als Basis

Kardio-kognitive Transformation, Band 3

© 2021 Nettig, Ulrich Franz

Herstellung und Verlag: BoD – Books on Demand, Norderstedt

ISBN: 9 783 754 310 755

Layout: Franziska Schönfeld

Feindesliebe als Basis

Kardio-kognitive Transformation, Band 3

Ulrich Franz Nettig

Statt eines Vorwortes:

Aus tiefem, dunklen Moor
steigst du als Lotusblüte auf,
erquickst mein Ohr,
stärkst meinen Lauf.

Du bist mein Heckenrosenrot,
umduftest meiner Bienen Reich,
verzauberst auch mein stolzes Boot
in meinem Silberteich.

Triffst mich erneut und erneut
und Stund um Stund –
so wird mein täglich heut
voller Glück und gesund

(M. Lachenmeyer, 1952)

Inhaltsverzeichnis

Über das Buch

Feindesliebe und Kardio-kognitive Transformation beschreiben Ideen, die geeignet sein können, zufriedener, leichter und glücklicher zu leben. In meinen Schriften gehe ich davon aus, dass Leben eine Art wundervolles Geschenk ist, das geliebt, gepflegt, entwickelt werden kann.

Unser menschliches Leben ist als reflektiertes, bewusstes Sein, Leben im Verbund mit der Natur, in größtem Respekt in der Natur und vor dem Leben anderer Menschen bis hin zum Verbrecher, zu verstehen.

Unser Leben bedeutet eingetaucht zu sein in die körperliche Empfindung, in die Intuition, die geistige Welt, in die Geheimnisse.

Unser Leben ist auch eine Frage. Unsere Verantwortung ist, unsere persönlichen Antworten auf die Fragen zu finden, die uns das Leben, das Schicksal stellt.

Wir selbst und die Gesellschaft müssen sich Regeln geben für unser Sein und Zusammenleben. Um diese Regeln unter der Erfahrung der Feindesliebe soll es nun im dritten Band der Trilogie „kardio-kognitive Transformation" im Wesentlichen gehen.

Insofern ist dieser Band ein persönlicher und politischer Band, der von einer bewussten Entwicklung vieler Menschen ausgeht und fragt, wie eine Gesellschaft aufgebaut sein könnte, die in der Mehrheit aus liebevollen, bewussten, wohlwollenden Zeitgenossen besteht.

Es wird in diesem letzten Band auch auf die Feindesliebe selbst eingegangen. Was kann man darunter überhaupt verstehen und wie kann man zur Feindesliebe finden. Wo ist der Unterschied zur Nächstenliebe und welche Bedeutung kommt der Feindesliebe für die Liebe überhaupt zu.

Ernsthaft gelesen kann dieses Buch zu einem Schlüssel für die Entwicklung des Menschen der Zukunft werden. Viel Freude dabei.

Über den Autor

Der Autor ist ein 1949 in Salach im Schwabenland geborenes Multitalent: Schriftsetzerlehre, Medizinstudium, Malerei, Bildhauerei, Gesang, Schreiberei, Politik erfüllen sein Leben. Begleitet von seinen sechs Kindern und deren Partner/innen, von seiner aktuellen Partnerin, Enkelkindern und Freunden lebt und arbeitet der Autor in Niedersachsen in Elbnähe.

Ein Wassermann, ein Reformer, ein Weltverbesserer, jedenfalls wünscht er sich das. Nichts wünscht er sich mehr als Frieden in der Welt und soziale Gerechtigkeit weltweit. Er glaubt einen Weg gefunden zu haben, der erstmalig in seinen drei Büchern über die kardio-kognitive Transformation beschrieben wird, um diese Ziele zu erreichen.

Er glaubt, dass nur durch die massenhafte Veränderung der Denkinhalte, der Bewusstseins- und „Gewusstseinsveränderung" die Menschheit zu einer besseren Gemeinschaft finden wird. Deshalb schreibt und veröffentlicht er.

Immer politisch aktiv, immer suchend, immer weiter suchend nach den leichtesten Wegen in die gesellschaftliche und persönliche Zufriedenheit des Einzelnen und der Gemeinschaft.

Machtkampf für die Ewigkeit

Seit Menschengedenken gibt es Machtkämpfe und Kriege. Es gehe gar nicht anders, denkt ein Großteil der Menschheitsfamilie, um einen Begriff von Daniele Ganser zu verwenden.

Vielleicht geht es gar nicht anders, selbst Gott ist ja entzweit und es soll einen Gegner Gottes geben: den Teufel. Es soll Himmel und Hölle geben und viele denken, da das Denken dual ist, müsse es auch immer das Gegenteil geben. Manche denken also, es müsse auch Krieg geben, eben weil es Frieden gibt.

Ohne Frage ist alles aufeinander bezogen. Eine Einheit in Liebe und Frieden ist für viele Menschen kaum vorstellbar. Es war ja noch nie so.

Allerdings ist die Sehnsucht im Menschen, dass er heraus will aus der Dunkelheit, der Enge, dem Schmerz, hinein in die Weite der Brust, in die Wärme des Herzens, in die Schmerzfreiheit. Die Philosophie, die Religionen, die Medizin versuchten immer ihren Beitrag dafür zu leisten.

Nietzsche war es, der auf den permanenten Machtkampf hinwies und auf den inneren Feind des Menschen. Haben wir innere Feinde? Haben wir Seiten in uns, die uns immer begleiten, wie z.B. Hochmut, Habgier, Wollust, Zorn, Völlerei, Neid, Trägheit?

Kann man erkennen, was hinter den weniger angenehmen Seiten in uns steckt? Welche unbewussten Prozesse könnten damit verbunden sein und welche Chance haben wir in die Weite, die Liebe, die Freiheit zu kommen.

Negative Denkweisen, Fantasien, Handlungen sind Möglichkeiten menschlichen Seins. Auch positive Denkweisen, liebevolle Verhaltensweisen, Frieden, Wohlwollen, Vertrauen, Demut, Großzügigkeit, Liebe, Gelassenheit, Disziplin, Fleiß sind Möglichkeiten menschlichen Seins.

Leider ist es nicht so einfach zu sagen: Ich entscheide mich jetzt für die positive Seinsweise und schon kann ich es. Weil es nicht ganz so einfach ist, aber dennoch möglich, schreibe ich. Ich muss schreiben, weil ein nochmaliger Weltkrieg zu viel zerstören würde; weil es permanent Kriege gibt, die nicht aufhören; weil das Leid in den Ländern mit Kriegen unermesslich ist.

Ich muss und will auch schreiben, weil jedes Baby, das die Liebe neu in die Welt bringt, es wert ist, dass wir Menschen uns ändern und dazulernen.

Wer stark ist, kann die Stärke nutzen, um andere zu unterdrücken. Diese Stärke kann sich körperlich zeigen - Goliath, Herkules, Tarzan sind bekannte Beispiele dafür. Die Stärke kann auch geistig sein: Sokrates, Kant, Hussserl als Beispiele, oder die Religionsstifter.

Immer besteht die Gefahr, dass durch Geisteskraft oder Körperkraft oder einer Mischung aus beidem anderen Menschen die eigene Meinung aufgedrängt wird oder andere gezwungen werden, der eigenen Meinung zu folgen, zu gehorchen.

Im Kleinsten sind es die Eltern, denen wir gehorchen lernen, von denen wir fast alles lernen. Die Eltern sind unsere ersten „Götter": Gottvater und Gottmutter. Wir lernen von ihnen die Sprache.

Davor hatten wir von ihnen schon das Empfinden gelernt, vorwiegend von der Mutter. Zunächst im Mutterleib, wo wir unter denselben Hormonen, Enzymen, Endorphinen, Neurotransmittern litten oder uns erfreuten, so wie die Mutter.

In der Zeit der sogenannten Mutter/Kind/Dyade, also etwa im ersten Lebensjahr waren wir vollkommen eins mit der Mutter und lernten unsere „Muttersprache", die ersten Begriffe um die Welt zunehmend zu „be-greifen". Tief in uns lebt dieses erste Wissen fort, diese ersten Erfahrungen mit der Welt. War die Mutter optimistisch oder pessimistisch, welche Gefühlstönung lag im Haus, welche geistige Welt umfing uns die ersten Jahre?

Verbunden mit unserer genetischen Ausstattung und evtl. unserer Inkarnationsvorerlebnisse, unserer Enneagrammstruktur durchlebten wir Kindheit und Jugend und begannen eine eigenständige Persönlichkeit zu werden, die ihren Standpunkt entwickelte und einnimmt.

Irgendwann beginnt man sich selbst zu hinterfragen, sich zu beobachten und zu ahnen, dass es wesentlich mehr gibt als dasjenige, was man im Elternhaus erfahren hatte. Es schmeckt in anderen Wohnzimmern besser als Zuhause, man verliebt sich, man lernt ganz andere Gewohnheiten und Gebräuche kennen. Viele lernen andere Kulturen kennen und andere Völker. Man entwickelt sich und seine Freiheit. Man entwickelt Bewusstheit.

Man bekommt eine Ahnung, was Freiheit bedeutet und bekommt Sehnsucht nach Freiheit, nach dem Duft der großen weiten Welt. Man bemerkt, dass diese Sehnsucht nicht durch Nikotin, durch Alkohol oder andere Drogen gestillt werden kann.

Selbst eine große Liebe kann diese Sehnsucht nicht mehr stillen. Es wird immer mehr die Sehnsucht danach, die großen Geheimnisse des Daseins zu lösen. Nun - viele haben sich schon mit wesentlich weniger Dingen zufrieden gegeben.

Wenn Krieg ist, ziehen sie in den Krieg; wenn eine Diktatur beginnt, arrangieren sie sich; bei Korona wollen viele irgendwann keine Gegenargumente mehr hören. Sie sind satt.

Es gibt indes auch Menschen, die sich ihre Sehnsucht nach Freiheit immer erhalten haben. Sie gaben sich nie mit den bisherigen Antworten zufrieden. Ich denke an Galilei Galileo, Kopernikus, Kant, Husserl u.v.a.m. Durch diese Freigeister, Wahrheitssucher, Unabhängigen wurde unser Bewusstsein weiter.

Freiheit ist die Fähigkeit, in einer bestimmten Situation möglichst viele Handlungsmöglichkeiten wählen und anwenden zu können. Sinngemäß stammt diese Freiheitsdefinition von Klaus Holzkamp.

Es bedarf des Denkens und Probierens, um seine Handlungsmöglichkeiten zu erweitern. Dem Probieren geht die Idee voraus. Durch Gespräche, durch Bücher, durch Zufälle bekommen wir Zusammenhänge präsentiert, auf die wir von allein nie gekommen wären.

Wir leben in großen Geheimnissen. Der Weg des Menschen ist für mich im Stufengedicht von Herrmann Hesse wunderbar beschrieben, das ich hier wiedergebe:

Stufen

Wie jede Blüte welkt und jede Jugend
Dem Alter weicht, blüht jede Lebensstufe,
Blüht jede Weisheit auch und jede Tugend
Zu ihrer Zeit und darf nicht ewig dauern.
Es muß das Herz bei jedem Lebensrufe
Bereit zum Abschied sein und Neubeginne,
Um sich in Tapferkeit und ohne Trauern
In andre, neue Bindungen zu geben.
Und jedem Anfang wohnt ein Zauber inne,
Der uns beschützt und der uns hilft, zu leben.
Wir sollen heiter Raum um Raum durchschreiten,
An keinem wie an einer Heimat hängen,
Der Weltgeist will nicht fesseln uns und engen,
Er will uns Stuf´ um Stufe heben, weiten.
Kaum sind wir heimisch einem Lebenskreise
Und traulich eingewohnt, so droht Erschlaffen;
Nur wer bereit zu Aufbruch ist und Reise,
Mag lähmender Gewöhnung sich entraffen.
Es wird vielleicht auch noch die Todesstunde
Uns neuen Räumen jung entgegen senden,
Des Lebens Ruf an uns wird niemals enden,
Wohlan denn, Herz, nimm Abschied und gesunde!

(Hermann Hesse,)

Feindesliebe

Zwar steckte immer und überall etwas von der Feindesliebe in den Texten meiner bisherigen Bücher; allerdings ging es noch in keinem ausschließlich um Feindesliebe. Das soll nun hier thematisiert werden, da es der Kernpunkt der ganzen „kardio-kognitiven Transformation" ist.

Der Begriff wurde von mir aus dem Neuen Testament, der christlichen Bibel entnommen. Dort wird das Sprechen über Feindesliebe Jesus Christus zugeordnet.

Viele wissen, dass sich die Bibel und das Neue Testament aus Texten zusammensetzt, die von der katholischen Kirche gesammelt wurden und die von Atanasius, einem Kirchenvater 367 nach Christi Geburt zusammengestellt und veröffentlicht wurden.

Der Begriff der Feindesliebe und der Verweis auf Christus war in der Christenheit nie umstritten. Meist rankte sich der Streit der frühen Christen um die Frage, ob Christus gottgleich, gottähnlich, Gott war und wie es mit seinem Verhältnis zu Gottvater und dem Heiligen Geist stand.

Obwohl der Begriff der Feindesliebe nie umstritten war, wurde ihr Inhalt doch wenig in der Christenheit propagiert. Lieber war der Kirche wohl der Begriff der „Nächstenliebe". Vielleicht war den Kirchen der Begriff der Feindesliebe zu „groß". Feindesliebe wurde bisher immer als eine Haltung definiert, die man gegenüber einem anderen Menschen haben soll.

Mich hat von Kindheit an eine Frage beschäftigt: Wenn Gott die Liebe ist, wie es auf der Altarinschrift meiner katholischen Heimatkirche stand, wie kann es dann nach göttlicher Lehre eine Hölle geben, in die er die Bösen nach dem Tod hineinwerfen will?

Gott der Allmächtige verlangt also vom Menschen, seine Feinde zu lieben er selbst, der Allwissende und Allmächtige, dem es ein Leichtes wäre, den Einzelnen zu begnadigen, wirft dann den Sünder voller Liebe in die ewige Folterkammer namens Hölle?

Ich fragte mich, ob ich Gott solche Zuschreibungen machen will - wie der Allwissende, der Allweise, der Allmächtige. Sind es nicht die Religionen, die Gott Zuschreibungen unterschiedlichster Art gemacht haben? Ist Allmacht nicht auch eine Zuschreibung?

Und wenn mein Gott der richtige Gott ist, wenn er allmächtig ist, muss er mir dann nicht auch im Krieg beistehen und mir den Sieg bringen? So haben viele Völker gedacht. Würde nicht dieser Gott, den ich für den „Richtigen" halte, mit mir untergehen, wenn er den Gegner gewinnen ließe und der Gegner mich ausrotten würde?

Und sollte ich dann diesen Menschen lieben, der den „falschen" Gott liebt? Dann könnte ich ja gar nicht mehr für meinen Gott kämpfen? Es gab also in mir verschiedene Widersprüche, die ich nicht auflösen konnte. Marx sprach von antagonistischen, nicht auflösbaren Widersprüchen.

Im gesellschaftlichen Denken lassen sich antagonistische Widersprüche nur durch eine Revolution überwinden. Wie ist es damit im Privaten, im Bewusstsein? Ist nicht auch im Bewusstsein, im Denken und Fühlen eine Revolution erforderlich? Ist vielleicht die Idee der Feindesliebe die Basis dieser Revolution. Sagen andere dazu vielleicht Erleuchtung, Umkehr, Unio mystika?

Zu allen Zeiten sind wir einem inneren und äußeren Machtkampf ausgeliefert. Es ist der Machtkampf mit anderen Menschen, anderen Ideen, anderen Religionen, anderen Völkern und mit der eigenen Gier, den eigenen Schwächen - all dem was man in sich selbst ablehnt. Buddha kam auf die glänzende Idee, dass der Machtkampf beendet sei, wenn man keine Wünsche, keine Bedürfnisse mehr hat.

Seit seiner Zeit versuchen nun viele Buddhisten keine Bedürfnisse mehr zu haben, sich zurückzuhalten, zu meditieren, gute Menschen zu sein, die den Tieren und anderen Menschen nichts Böses tun, die also möglichst friedlich leben.

Ein lobens- und liebenswerter Weg zu mehr Frieden. Hat man in einem vorherigen Leben Böses getan, dann kann man das in einem späteren Leben wieder gutmachen, man baut sein sogenanntes „Karma" wieder ab.

Etwas anders vollzieht sich der Weg der Feindesliebe: Man hat Wünsche und Bedürfnisse. Man versucht sie auch zu befriedigen. Man kommt auch ins Leid, man hat Angst, man ist unsicher, man sieht das Leben als Experiment und unsere Reise durch das Leben als eine Expedition.

Überall können Schmerzen entstehen, körperliche, seelische. Aber wir können und wir sollen uns entwickeln. Immer mehr dürfen wir durchschauen. Was haben die Menschen, was haben unsere Vorfahren alles schon erfahren, erforscht, probiert und erkannt - allein das angehäufte Wissen ist ein Wunder und inzwischen unüberschaubar.

Dennoch gibt es Anhaltspunkte, es gibt Möglichkeiten, Wichtiges von Unwichtigem zu unterscheiden. Heil sein, heil werden, ist sehr weit oben auf der Liste meiner Wünsche und Bedürfnisse.

Wer möchte nicht heil sein? Für mich geht der Weg über die Feindesliebe. Man selbst ist sich zunächst der größte Feind. Wie oft kritisiert man sich, mag sich nicht, tut nicht das Liebevollste für sich selbst, für den eigenen Körper, den eigenen Geist, für die eigene Seele. Wie viel Sucht und Gier ist in uns? Wieviel mangelnde Übung, mangelnder Fleiss?

Viele sind es gewohnt sich ungesund zu ernähren, ungesund über sich selbst zu denken. Freude, Freiheit, Wollen sind hilfreiche Gedanken, wenn man ein Liebender werden will. Man kann lernen, die „Feinde" in sich selbst zu lieben. Diese Feinde können die unangenehmen Empfindungen sein, die unangenehmen Gedanken, die falschen Entscheidungen, die sich selbst und andere schädigenden Handlungen.

Weshalb geht es denn nicht per Beschluss? Ab jetzt liebe ich mich und fertig? So einfach ist es leider nicht. Was heißt leider, wozu sollten wir eine materielle menschliche Form annehmen, wenn es nichts mehr zu lernen, zu entdecken, zu entwickeln gäbe?

Dann hätten wir auch Stein, Regenwurm, oder Gänseblümchen bleiben können. Aber nein, wir wollten es wissen, so hat sich unsere Seele also in ein menschliches Wesen inkarniert, das zumindest theoretisch die Möglichkeit hat, Neues zu erkennen.

Ist die christliche Kirche eine Kirche der Feindesliebe geworden? Nein, es ist ein Machtapparat geworden, der eher das Gegenteil von „christlich im Sinne von Christus" praktiziert. Die anderen Konzepte und Religionen sind nicht besser. Alle halten sich und ihr Konzept für das Beste, ihre Propheten für die Größten.

Das liegt der Feindesliebe fern, eine solche Auf- oder Abwertung. Aber wie gesagt geht es zunächst um die Liebe zu sich selbst, also wie und was lerne ich, wie nutze ich meine Talente und Begabungen, wie ernähre ich mich und bewege mich, was unternehme ich, um mich weiter zu entwickeln, um mehr Sinnvolles zu wissen und zu praktizieren?

Lebe ich mit dem Satz: „Das Liebevollste zuerst, jeden Tag, jede Stunde, jeden Augenblick"? Es geht um die Verwandlung des Negativen in uns, vor allem der negativen Körperempfindungen in positive. Genau das wird mit der Feindesliebe erreicht.

Jede Lebensäußerung in uns in jeder Zelle, in jedem Gedanken und in jeder Körperempfindung annehmen zu lernen ist erforderlich, wenn wir lieben wollen.

Diese Lebensäußerungen sind ja oft nicht angenehm. Es geht gerade darum, das Unangenehme anzunehmen. Es geht darum, das nicht Willkommene wahrzunehmen und anzunehmen. Um lieben zu können, brauchen wir eine feine Wahrnehmung. Wir lernen den Körper und die körperlichen Empfindungen immer deutlicher wahrzunehmen.

Am Anfang steht immer die Wahrnehmung, die Beobachtung. Was spüre ich körperlich, was spüre ich „geistig-körperlich"? Das rein körperliche Empfinden ist das Deutlichste - das Herzklopfen als Beispiel, die Enge im Hals, in der Brust, die Schwere der Gliedmassen, den Druck im Bauch, das Körperliche, das können wir eindeutig spüren.

So kann ich eindeutig spüren, wenn ich Hunger habe, oder Herzklopfen. Ein freudiges Gefühl ist für jeden etwas anders. Gänsehaut bekommt der eine, der andere vielleicht einen heißen Kopf und Herzklopfen.

Wenn sich die Körperempfindungen verbessern, wenn wir uns im Körper wohler fühlen, dann wissen wir eindeutig: Es hat sich etwas zum Besseren hin gewandelt. Die Feindesliebe ist der Schlüssel für diese Wandlung. Wir können uns mit der Zeit in unserem Körper wohler fühlen.

Es geht in der Frage der Feindesliebe allerdings um mehr als nur die Körperempfindung. Das Wohlgefühl im Körper, die relative Angstfreiheit und Freiheit von Sorgen ist das Ergebnis dieses hier beschriebenen Weges.

Jeder Mensch hat bestimmte Bewertungen und Werte gelernt. Mit der Feindesliebe ist es wie bei einem Reset des Computers. Wir gehen in Gedanken nochmal auf Null, auf Anfang. Wir lauschen immer wieder in uns hinein und versuchen nicht zu denken.

Wir wissen: Das Leben findet immer im Hier und Jetzt statt. Wir leben immer in dem gerade wahrnehmbaren Augenblick. In jedem Augenblick spüren wir uns, wir spüren etwas in uns, wir haben eine Körperempfindung. Diese Empfindung kann mehr oder weniger stark, lokalisiert oder diffus sein. Das ist egal. Es geht nur um die Wahrnehmung im Augenblick.

Jetzt kannst du in dich hineinspüren. Spürst du etwas, wenn ja was und wo? Du kannst das genau beobachten. Ist das Empfinden an einer bestimmten Stelle, ist es groß ausgebreitet, klein? Ist das Empfinden stark oder schwach? Wie weit reicht es in deinem Körper? Gibt es angenehme und unangenehme Stellen in deinem Körper?

In meinem ersten Buch „Liebe geht anders" beschreibe ich ausführlich einen sogenannten „bodycheck" - sich selbst vollständig wahrnehmen. In dieser Wahrnehmung sind immer wieder „Feinde", das sind unangenehme Wahrnehmungen.

Genau um diese geht es im Bereich des Körpers und der Empfindungen. Genau diese Wahrnehmungen sollen neu bewertet werden. Diese Wahrnehmungen, die uns schlecht, unangenehm , feindlich erscheinen, werden unsere Entwicklungshelfer.

Wir versuchen sie zumindest nicht mehr abzulehnen, wegzumachen. Es gibt viele Möglichkeiten wie man unangenehme Empfindungen wegmachen kann. Das ist etwas das wir im Wesentlichen in der Kindheit gelernt haben. Wenn wir uns unwohl fühlten, dann haben wir uns mit den verschiedensten Dingen abgelenkt.

Das Angebot an Ablenkungen ist vielfältig. Großteils haben wir das zuerst von den Eltern gelernt, später von Lehrern, Freunden, Partnern. Mit der Ablenkung von unseren unangenehmen Empfindungen, „unseren inneren Feinden", haben wir verhindert, uns selbst besser kennen zu lernen.

Was macht uns dieses unangenehme Gefühl? Ist es der Geruch in der Küche? Ist es das angebrannte Essen von Mama? Ist es die aggressive Stimme von Papa? Ist es der unangenehme Kuss des Nachbarn? Ist es die schlechte Note in der Schule?

Die Ablenkungen haben verhindert, dass wir den Ursachen der schlechten Empfindungen und Gedanken auf die Spur kommen konnten. Wir konnten die negativen Empfindungen nicht wirklich kennen lernen und schon gar nicht lieben. In der Meditation wird das teilweise nachgeholt - man kommt in die Stille, alte unangenehme Ereignisse können wieder auftauchen und erkannt werden.

Oft ist aber ein therapeutischer Prozess erforderlich, da vieles verdrängt und vergessen wurde und auch in der Meditation nicht an die Oberfläche des Bewusstseins gelangt.

Die bewusste Wahrnehmung der alten „feindlichen" Empfindungen ist allerdings so etwas wie ein bewusster therapeutischer Prozess, da der Körper offensichtlich nichts vergisst und wir durch die unangenehmen Empfindungen in bestimmten Situationen immer wieder an die alten, noch ungeliebten Feinde erinnert werden.

Ablenkung kann die Schokolade sein oder etwas Süßes, die Zigarette, mehr zu arbeiten, nicht zur Ruhe kommen können, Drogen, Spiele, Sex und vieles mehr. In der Stille, beim Fasten, in der Natur kann vieles wieder hochkommen.

Vor allem der Schmerz ist eine der größten Herausforderungen in diesem Zusammenhang. Wie kann und soll man überhaupt den Schmerz annehmen? Der Schmerz ist unser größter Lehrmeister. Zuerst lehrt er uns gehen. Wenn wir fallen, tun die Knie, auf die wir fallen, weh. Wenn wir sicher stehen und gehen können, fallen wir nicht mehr, jetzt tut nichts mehr weh.

Aber auch der Hunger ist ein leichter Schmerz, der stärker wird, je länger die Mutter nicht kommt; ebenso der Durst oder der Druck in uns, der uns aufs Töpfchen treibt bzw. zur Entleerung - überall ist der Schmerz als Helfer beteiligt.

Wenn wir zulange alleine sind, Mutter oder Vater weg sind, beginnt es in uns weh zu tun. Der seelische Schmerz entsteht. Die Eltern sind wütend oder schreien. Immer wieder ist der Schmerz unser Erzieher. In der „Gehorsamkeitsschule" war es früher noch die körperliche Züchtigung, die uns zu einem bestimmten Verhalten bringen sollte.

Immer war auch schon der Entzug von Vorzügen ein Mittel der Erziehung oder das Einsperren. Das wird heute auch gesellschaftlich eingesetzt - sei es durch schlechte Löhne, schlechte Arbeitsbedingungen, hohe Mieten. Auch in diesen Fällen geht es um Schmerz, den wir Menschen uns zufügen.

Diese Machtkämpfe sind uns in die Wiege der Menschheitsentwicklung gelegt. Niemand will leiden. Nun lernten wir alle von den Eltern, wie man Leid verringert. Die Eltern versuchten ihr Leid mit dem Nachwuchs dadurch zu verringern, indem sie den kleinen Menschen den Gehorsam beibrachen.

Sicher kann es gut sein, den Kindern vorzuleben, wo es Grenzen gibt, wo es Reibung gibt, wo man an eine Grenze kommt. Allerdings findet in den meisten Familien ein Machtkampf, meistens unbewusst, statt, der die Kinder auf der Verliererseite lässt.

Von Mama und Papa haben die Kinder gelernt, wie man sich durchsetzt. Spätestens in der Pubertät werden diese Techniken gegen die Eltern gewendet, weil man nicht mehr leiden möchte und stärker sein will.

Der Stärkere leidet nicht so sehr. Diese Erfahrung machen die meisten Menschen. Also strebt man nach Stärke. Dies kann Körperstärke sein im Fitnessstudio oder Kickboxen oder geistige Stärke durch Studium und Karriere. Aber egal wohin man kommt, wie weit man es mit der Stärke bringt, es gibt immer Stärkere. Oft ist auch das Schicksal die stärkere Macht.

In der Feindesliebe geht es darum, die eigene Schwäche, das Ohnmachtsgefühl, die Hilflosigkeit kennenzulernen. Es ist unser Körper der uns Signale sendet, der uns unsere Lebendigkeit vor Augen führt.

Der Körper tut alles, damit wir bewusst werden, damit wir uns kennenlernen mit Stärken und Schwächen.

Text von Rilke über die Geduld den Fragen gegenüber:

„Man muss den Dingen die eigene, stille ungestörte Entwicklung lassen, die tief von innen kommt und durch nichts gedrängt oder beschleunigt werden kann, alles ist austragen – und dann gebären…

Reifen wie der Baum, der seine Säfte nicht drängt und getrost in den Stürmen des Frühlings steht, ohne Angst, dass dahinter kein Sommer kommen könnte. Er kommt doch!

Aber er kommt nur zu den Geduldigen, die da sind, als ob die Ewigkeit vor ihnen läge, so sorglos, still und weit…

Man muss Geduld haben mit dem Ungelösten im Herzen, und versuchen, die Fragen selber lieb zu haben, wie verschlossene Stuben, und wie Bücher, die in einer sehr fremden Sprache geschrieben sind.

Es handelt sich darum, alles zu leben.

Wenn man die Fragen lebt, lebt man vielleicht allmählich, ohne es zu merken, eines fernen Tages in die Antworten hinein. "

(Anmerkung: Diese Zeilen stammen aus einem Brief von Rainer Maria Rilke „an einen jungen Dichter" (Franz Xaver Kappus), in dem sie eingestreut sind.

An Franz Xaver Kappus

z. Zt. Worpswede bei Bremen, am 16. Juli 1903)

Diese Zeilen sind über 100 Jahre alt und werden immer als Trost und Anregung für die Menschheit Gültigkeit behalten. Versteht man einen Teil der Geheimnisse, die mit Frieden, Liebe, Freiheit umrissen sind, bleibt das Leben eine Nachtfahrt durch das eigene Leben, ohne Kompass und Karte.

Das Leben als ein "Anfluten" dessen zu begreifen was man im Körper spürt, macht vieles leichter. Das Zulassen und liebenlernen der Ideen und Gedanken, die man bekommt, bringen mehr Zufriedenheit als ein innerer Dauerkritiker.

Und dennoch löst niemand die Geheimnisse zwischen Himmel und Erde und jeder, der meint die Wahrheit gefunden zu haben, täte gut daran zu wissen, dass es seine, eine einzelne Wahrheit unter vielen ist, die immer nur relativ zu betrachten ist.

Frieden in der Welt wird es zunehmend dort geben, wo es friedfertige, bewusste und mutige Menschen gibt, die den Frieden wirklich leben und wollen.

Friedensfeiern

Wieviele Jahrhunderte haben Menschen, unsere Ahnen gekämpft? So viele haben unter Einsatz des eigenen Lebens für ein anderes Leben gekämpft. Jahrtausende wollten wir uns von den Fesseln der Unterdrückung durch Diktatoren befreien.

Wie viele sind dafür gestorben? Ich denke es reicht. Wir, ich geben auf! Wir, ich gehen zum Feiern über. Wir Menschen haben eine Kultur entwickelt, die zum Feiern taugt! Wir haben Rituale, an denen wir uns erfreuen können. Wir können singen und tanzen.

Wir wollen kein geringschätziges Herabblicken auf andere Menschen mehr, wir wollen Respekt für jeden Menschen, für die Pflanzen, die Tiere und die Steine, so wie es die Indianer einst hielten.

Das Leben feiern, sich in den Weltfrieden hinein feiern - das beginnt diesen Sommer. Sei dabei. Bau dir deinen eigenen Gott, bau dir deinen eigenen Freundeskreis. Finde Dein Glück in dir, in deinen Empfindungen, deinen Ideen und Gedanken im Dankbarsein gegenüber deinem Schicksal.

Erst sollte das Buch „der erste Sommer" heißen. Es ist der erste Sommer nach einem Jahr des Geschocktseins. Corona hat mich geschockt. Was und wem soll man glauben? Es ist eine große Vertrauenskrise in der Gesellschaft aufgebrochen.

Weltweit finden seither Demonstrationen statt gegen die Maßnahmen im Zusammenhang mit Corona. Viele fordern eine Rückkehr zur Normalität im Umgang mit Viren.

Die Reichsten der Reichen machen allerdings seit letztem Jahr so hohe Gewinne wie noch nie. Da die Reichsten der Reichen auch großen Einfluss auf die Politik haben, wird es vermutlich so schnell kein Ende der weltweiten Ausnahmesituation geben.

Einfluss auf die Volksgesundheit kann man so natürlich nicht nehmen. Höchstens im negativen Sinne. Viele Völker leiden jetzt schon extrem unter den Wirtschaftslockdowns der reichen Länder. Viele Menschen werden als Folge der Maßnahmen sterben.

Die Konsequenz: Politik

Wenn du durch diese Schritte gehst, Zufriedenheit aufbaust, dich freier fühlst, stärker im Sinne von stärker in deiner Freiheit und Feindesliebe verankert, dann stellt sich die Frage nach deiner Stellung in der Gesellschaft, nach deiner Verantwortung.

Stellung beziehen und mitzuwirken an einer Gesellschaft, die sich verändert, die menschlicher wird und friedlicher, gerechter und respektvoller. Wie kann das gehen?

Es beginnt in dir, in deiner Familie, in der Nachbarschaft, im Freundeskreis. Sprichst du über deine Werte? Wirbst du dafür? Bist du dabei dich mutig für deine Wahrheit einzusetzen?

Auch dafür steht dieses Buch. Es ist eine Möglichkeit zufriedener und liebevoller zu werden, klarer und stärker. Es ist auch ein Aufruf zur Diskussion: Wie wollen wir unsere Welt gestalten, wie wollen wir leben?

Aktuell leiden viele Menschen unter der Corona-Politik. Wer sich mit der Gesundheit der Bevölkerung befasst über einen längeren Zeitraum kommt zu ganz bestimmten Schlussfolgerungen, über die weiter unten eingegangen wird.

Mein politisches Denken allerdings beginnt nicht mit der Gesundheit, sondern mit dem Zusammenleben der Völker. Ich sehe diese Not in der Menschheit seit tausenden von Jahren, in denen immer wieder Krieg war.

Bis in unsere Zeit setzen sich die Machtkämpfe in der Welt zwischen den Völkern fort. Mein politisches Ziel ist, alles zu tun, damit Kriege beendet werden und Kriegswaffen vernichtet werden. Dafür sind alle Waffenbündnisse aufzulösen. Bei uns ist dies die NATO. Waffenbündnisse und Beistandspakte sind immer nur Vorbereitungsakte für Kriege.

Zu nichts anderem taugt es, wenn ein Volk dem anderen bescheinigt, dass es im Falle eines Angriffs mit gegen den Aggressor kämpft. Alle Kriege bisher wurden immer um einen guten Frieden geführt. Bei allen Kriegen wurden die Menschen getäuscht.

Es ist an der Zeit, dass das deutsche Volk aus der NATO austritt, die Atomwaffen der USA aus Deutschland abgezogen werden und dass Deutschland abrüstet. Deutschland als Waffenschmiede der Welt stellt die Waffenproduktion ein. Es gibt eine Übergangszeit, in der die Umstellung von Kriegs- und Waffenproduktion auf Friedensproduktion stattfindet.

Dies ist politisch gesehen die wichtigste und notwendigste, aktuellste Forderung. Gleichzeitig wird ein Gerechtigkeitsprogramm entwickelt, dass die finanzielle und materielle Gerechtigkeit in Deutschland herstellt. Dieses Programm sieht vor, dass vor allem der Mittelstand und die ärmere Bevölkerungsschicht steuerlich bevorzugt wird.

Die Superreichen werden höher besteuert. Auswüchse der Bezahlung von Managern, Politikern, Sportlern und bestimmter anderer überbezahlter Menschen werden verboten.

Die Bundesstaaten sowohl in Europa, als auch in Deutschland werden in ihren Grenzen aufgelockert, zugunsten regionaler Verbindungen, in denen die Rechte der Regionen gestärkt werden. Dies kann als Modell für andere Regionen der Welt gelten. Allerdings sind alle Regionen autonom in ihren Entscheidungen, wir Deutschen sollten dabei vor der eigenen Haustüre kehren.

Dies gilt für jeden Einzelnen, für jede Familie und Nachbarschaft, für jede Gemeinde, für jede Region. Wir beginnen unten, letztlich bei uns selbst. Die, der Einzelne kann sich bessern. Wir können zu Vorbildern für andere werden, wenn wir selbst Liebende werden.

Wir sollten uns abgewöhnen, etwas von anderen zu erwarten, was wir selbst nicht hinbekommen.

Wir brauchen einen politischen Aufbruch, eine neue Politik in Deutschland. Frieden und soziale Gerechtigkeit sollten die großen Orientierungslinien sein. Dazu gehört eine Veränderung der Eigentumsstrukturen. Der Kapitalismus in seiner unbegrenzten Form bringt Kriege hervor, ist uns Menschen nicht angemessen.

Ein kollektiver Überwachungssozialismus ist nicht die Alternative. Ein gesellschaftliches System, das dem einzelnen Menschen Spielraum läßt für unternehmerische Initiative, das allerdings dem Großkonzern Zügel anlegt, die wirklich lenken können, ist vermutlich das beste gesellschaftliche System, das wir heute denken können.

Ein solches System gibt dem Staat, den Lenkungsorganen, der Weltgemeinschaft, den Regionen Einflussmöglichkeiten an die Hand, die Lenkung möglich machen. Gesellschaftlich geregelt werden sollte die Infrastruktur. Damit sind gemeint die Müllorganisation, die Wasser- und Stromversorgung, die Versorgung mit Lebensmitteln und die Versorgung mit Kommunikationsmöglichkeiten.

Ein friedlicher, gerechter, weltweiter Handel ist gut. Eine regionale Produktion landwirtschaftlicher Produkte, regional typischer Produkte in einem angemessenen Rahmen ist anstrebenswert.

Der Wildwuchs in vielen Bereichen ist rückgängig zu machen. Hier denke ich an die Forstwirtschaft, die Landwirtschaft, die Energiewirtschaft, den Handel, die Transportwirtschaft, die Medizin, die Kommunikationsmöglichkeiten.

Lebenswichtige Bereiche sind staatlich zu garantieren. Die Region hat sich um die Versorgung ihrer Bürger zu kümmern. Regionale, gesunde Lebensmittel muss ein Ziel der Regionen sein. Massentierhaltung, genmanipulierte Nahrungsmittel sind zu verbieten.

Regionale Märkte werden gefördert. Wir sind in einer technologischen Zeit und Möglichkeit angekommen, in der ursprüngliche Errungenschaften des Menschen sich in ihre Gegenteil verkehren. Telekommunikation ist gut, permanent und überall erreichbar zu sein ist schlecht. So etwas wie Handys war früher Notärzten vorbehalten. So ähnlich sollte es wieder sein.

Das Handy in seiner neueren Form ist eine Überforderung des Menschen. Es ist unnötig. Ebenso scheint die Technologie des Fernsehens fragwürdig. Vielleicht wäre ein Gemeinschaftsfernseher in der Gemeinde eine Alternative zu der individuellen Nutzung dieser Technologie.

Fragwürdig erscheint mir auch der Massentourismus mit Flugzeugen. Die Zerstörung so vieler Natureinheiten durch Flugzeuge, das in Massenunterkünfte gekarrtwerden und mit denaturierten Lebensmitteln „abgefülltwerden" ist wenig menschlich. Tourismus sollte neu bedacht werden, ebenso wie der Individualverkehr.

Es soll hier kein Parteiprogramm einer neuen Partei geschrieben werden. Dennoch will ich ein paar Denkanregungen geben, wo Probleme sind und wo neu gedacht werden könnte - wenn wir die Entwicklung des Lebens selbst in die Hand nehmen und sie nicht ein paar reichen Unternehmern überlassen wollen, die Macht und Einfluss haben.

Warren Buffet sagt in einem Interview Anfang des 21. Jahrhunderts auf die Frage, was er für den größten Konflikt unserer Zeit hält, sinngemäß: Das wäre der Krieg der Reichen gegen die Armen und die Reichen würden diesen Krieg gewinnen.

Nun es sieht aktuell ganz danach aus, als ob die Reichen den Krieg schon fast gewonnen haben. Aber zu früh sollte man sich nie freuen. Keiner weiß, was in den nächsten Jahren geschehen wird.

So große Gewinne, wie jetzt zur Zeit der sogenannten Corona-Pandemie gemacht werden, sind wohl in der Geschichte des Kapitalismus einmalig. Es ist deshalb sehr unwahrscheinlich, dass man die Pandemie einfach so wieder ablegen wird.

Es gibt für die Reichen und deren „Kriegsführung" - wenn man den Worten Warren Buffets folgen will - soviel Vorteile durch die Pandemie, dass man doch dumm wäre, wieder in den Normalzustand überzugehen.

Wenn Menschen sich nicht versammeln dürfen, ist die Gefahr eines Zusammenschlusses der Armen sehr gering. Sie dürfen sich nicht treffen, nicht demonstrieren. Wie kann man den Gegner besser in Schach halten? Das alles nicht, weil man die Armen noch ärmer machen will, die Kontrolle noch größer, die Unterdrückung noch stärker, sondern weil man aufgrund des Virus gar nicht anders kann.

Wenn das Volk das glaubt, hat es sich im Grunde selbst der Möglichkeit beraubt, eine andere Gesellschaft zu schaffen. Und bisher sieht alles danach aus, dass der Großteil des Volkes, auch die Intelligenten und Klugen das glauben, sich impfen lassen und sich nicht mehr treffen.

Nun - man könne sich ja im Internet treffen, auf Zoom usw. Genau dann sind wir der gläserne Mensch, alles und jeder kann kontrolliert werden - eine Verbesserung der Verhältnisse ist so gut wie nicht mehr möglich.

Wollen wir also Frieden und soziale Gerechtigkeit, dann können wir das über Printmedien, über lokale Gruppen, über bestimmte Internetplattformen noch kommunizieren. Was viele nicht wissen ist, dass inzwischen sehr viele Beiträge auch von Wissenschaftlern, Ärzten, Professoren z.B. auf You Tube gelöscht werden, wenn sie nicht regierungskonform sind.

Viele Ärzte werden aktuell eingeschüchtert, wenn sie sich nicht der Regierungsdenkweise anschließen: Polizei durchsucht ihre Praxen, sie werden mit Strafanzeigen bedroht, sie werden gezwungen Dinge zu tun, die ihrem ethischen, moralischen Handeln als Ärzte widersprechen. Atteste, ja selbst Krankschreibungen werden nicht mehr anerkannt.

All diese Maßnahmen, diese Unterdrückung von Menschen nimmt immer weiter zu, alles unter dem Vorwand, es diene der Gesundheit der Allgemeinheit, es sei nur erforderlich wegen des tödlichen Virus. Ab jetzt gibt es nur noch tödliche Viren, die von Jahr zu Jahr mutieren und offensichtlich immer gefährlicher werden.

So wie mit dem Fernseher, den Billigangeboten der 1 Euro - Shops, den Handys sind die meisten Menschen auch mit dem Virus überfordert. Wie soll man das alles noch durchschauen? Es ist schwierig geworden. Wie viele ältere Menschen kennen sich mit dem Internet aus.

Wer kann seinen Informationsradius über die staatlichen Angebote hinaus noch ausweiten und wer hat Zeit und Lust dazu? Wo doch das Leben sowieso so viel Zeit für Arbeit erfordert, um die Miete bezahlen zu können.

Es hilft aber nichts. Wir können untergehen, ohne zu merken was passiert – oder wir informieren uns und denken über die Dinge nach. Ohne Information ist keinerlei Entscheidung möglich.

Was ich oft höre ist, dass jemand sich auf sein Bauchgefühl verlassen will oder auf seine Intuition. Das ist Blödsinn. Entschuldigung. Aber wenn ich nichts weiß, kann ich mich nicht auf das Nichtwissen verlassen. Als die Europäer in Amerika landeten, wussten die Indianer nicht, was eine Feuerwaffe ist. Vielleicht dachte mancher, dass es sich um Götter in Weiss handelt.

Das Bauchgefühl und die Intuition der Indianer nützte ihnen gar nichts. Sie waren dem Untergang geweiht. Die Europäer wollten ihr Land und haben jeden erschossen, der sich wehrte. Die Indianer hatten bestimmt eine tolle Intuition und ein gutes Bauchgefühl; sie hatten allerdings keine Möglichkeit, sich über die Europäer zu informieren.

Wir sind in der Situation der indigenen Völker - nur dass wir inzwischen Internet haben und mehrere tausend Jahre Erfahrung. Was werden wir damit machen?

Ich kann mir vorstellen, dass wir in das goldene Zeitalter übergehen, in das tausendjährige Friedensreich. Allerdings denke ich, wir müssen dafür diese tolle Einrichtung, die sich Verstand und Vernunft nennt, ebenso benutzen wie das, was wir mit Empfindung, Intuition und Gefühl bezeichnen.

Wir sind heute im Besitz von Wahrheiten und Erfahrungen, gerade auch im Bereich der Psychologie, des Unbewussten, der Möglichkeiten, die in unseren Träumen verborgen sind, dass wir hervorragende Voraussetzungen haben, dass die Menschlichkeit gewinnt. Allerdings glaube ich nicht, dass es von selbst gehen wird.

Trost

Rauch ist Geist
der uns umhüllt -
was er verheißt
und nicht erfüllt

kannst finden du in deinem Herz,
kannst finden du in deiner Hand.
Beachte den Schmerz,
er hat Unwissen verbrannt

Dein Glaube an das Leben,
dein Glaube an das Glück,
kann Leichtigkeit dir geben
den Weg ins Paradies zurück.

(M. Lachenmeyer, 1989)

Schlusswort und Dank

Es war etwa die Corona-Zeit, in der ich an den drei Büchern der Trilogie „Kardio-kognitive Transformation" gearbeitet habe. Ich bin glücklich, dass ich dir, liebe Leserin, diese Trilogie als rundes Angebot übergeben darf. Eine meiner Lebensaufgaben scheint mir damit erfüllt. Ich bin gespannt was mich noch erwartet.

Zwei weitere Bücher sind geplant, bzw. fast fertig. Eines mit Gedichten von einem Freund und mir und eins, das sich auch um Therapie dreht.

Wie es weitergeht, weiß ich nicht. Für dieses Buch gilt mein besonderer Dank all denen, die sich an Korrektur und Diskussion beteiligt haben: Jan Moritz, Doran und Tanja, Franziska, Maria, Reinhard, Mehmet, Beate. Ganz besonderer Dank geht an Martin, meinem Schlussredakteur und Franziska, die wieder so klar und liebevoll das Layout herstellte.

Keine Sorge, wir sind alle eins.